ASSOCIATION NATIONALE FRANÇAISE
POUR LA
[PRO]TECTION LÉGALE DES TRAVAILLEURS

III

L'âge d'admission des Enfants au travail industriel

LE TRAVAIL DE DEMI-TEMPS

(*Rapport présenté par* **M. ET. MARTIN-SAINT-LÉON**
dans la séance du 14 mai 1903).

PRIX : 60 centimes

PARIS
FÉLIX ALCAN, ÉDITEUR
108, boulevard Saint-Germain

STATUTS

Art. 1

Il est fondé une *Association nationale française pour la protection légale des travailleurs*. Elle constituera la Section française de l'Association Internationale pour la protection légale des travailleurs. Le siège de l'Association est à Paris.

Art. 2

L'Association nationale pour la protection légale des travailleurs se propose de coopérer d'une façon générale à l'œuvre de l'Association internationale et de travailler spécialement à faciliter l'application et les progrès de la législation protectrice des travailleurs en France.

Dans ce but, elle s'efforce :

1° De gagner l'opinion publique à la cause de la législation protectrice des travailleurs à l'aide de conférences, de publications, etc. ;

2° De fortifier l'autorité morale de l'Inspection du travail et de l'aider ainsi dans l'accomplissement de sa mission ;

3° De renseigner les intéressés (ouvriers, patrons, associations professionnelles, etc.) sur le sens et la portée des dispositions de la législation du travail, par l'institution notamment d'un bureau de consultations juridiques ;

4° D'étudier les progrès dont la législation protectrice des travailleurs est susceptible, d'appuyer auprès des pouvoirs publics les modifications législatives dont l'utilité lui aurait paru démontrée ;

5° D'encourager la création de groupements régionaux ou locaux destinés à rendre plus efficace l'action de l'Association dans les diverses régions ou localités.

Art. 3

Sont membres de l'Association les personnes et les Sociétés qui considèrent la législation protectrice des travailleurs comme nécessaire et qui adhèrent aux présents statuts.

Art. 4

La cotisation annuelle est fixée à 10 francs pour les personnes et les sociétés adhérentes.

Elle est réduite à 3 francs pour les personnes et les sociétés adhérentes qui ne demandent pas à recevoir les publications de l'*Office International*.

Art. 5

Tout membre de l'Association qui, trois mois après le rappel du trésorier, n'aura pas acquitté la cotisation, sera considéré comme démissionnaire.

Art. 6

L'Association est administrée par un Comité directeur élu par l'Assemblée des membres.

L'AGE D'ADMISSION DES ENFANTS AU TRAVAIL INDUSTRIEL LE TRAVAIL DE DEMI-TEMPS

Le devoir général de protection qui incombe au législateur vis-à-vis des travailleurs de tous les âges apparait comme tout particulièrement rigoureux à l'égard de l'enfant. Sans doute l'intervention de l'Etat se justifie dans nombre de cas alors qu'elle s'exerce en faveur de l'ouvrier adulte dont il importe que la santé ne soit pas compromise, dont l'intégrité physique et morale veut être respectée. Elle se justifie plus encore lorsqu'elle est invoquée par l'ouvrière trop manifestement incapable de se défendre seule dans la lutte économique et sociale aujourd'hui si âprement engagée. Mais enfin et quels que soient leurs titres incontestables à la protection de l'Etat et de la loi, on ne saurait méconnaitre que l'homme et la femme adultes ont une *capacité de travail normale* relativement à laquelle l'abus possible, le surmenage, sera tout à la fois plus rare et moins dangereux que s'il menaçait un être dont la formation est encore inachevée, un enfant.

C'est qu'en effet, il est tel emploi des forces et des facultés de l'enfant — et en première ligne le travail auquel il est soumis dans la fabrique ou la manufacture — qui froisse en nous un sentiment inné, qui instinctivement nous attriste et nous blesse comme une anomalie et comme une injustice. Qu'un enfant soit associé de bonne heure aux travaux des champs, à certaines occupations familiales ou domestiques, à divers menus emplois en rapport avec son âge et avec ses forces, nous le concevons aisément et nous l'admettons volontiers. Mais l'enfant à l'usine, l'enfant passant son existence dans une atmosphère malsaine et enfiévrée, l'enfant s'emplissant les poumons d'un air étouffant et chargé de poussières, s'énervant au bruit des coups de marteau et au sifflement des chaudières, prêtant une oreille d'abord étonnée, puis curieuse aux propos licencieux, aux mots obscènes qui s'échangent autour de lui, l'enfant perdant rapidement comme sous un souffle délétère la fraîcheur du visage et la candeur de l'âme, qui donc contemplerait d'un œil indifférent un tel spectacle dont la réalité est cependant trop certaine? Lequel d'entre vous, pères de famille, de gaîté de cœur et sans y être contraint par l'inexorable nécessité, livrerait son enfant aux hasards d'une telle vie, consentirait à l'exposer à de tels périls?

Et cependant les faits sont là qui parlent. La statistique est là qui nous oblige à nous rendre à l'évidence. Aujourd'hui encore, malgré d'incontestables progrès, malgré des réformes successives qui peu à peu ont diminué la gravité du mal que nous dénonçons, ce mal lui-même n'a pas disparu et ne pourra peut-être pas de sitôt complètement disparaître. Il y a encore, il y aura peut-être longtemps encore dans les usines non seulement des adolescents, mais des enfants. Il nous faut donc, en attendant que s'ouvrent pour eux les portes de la fabrique, en attendant qu'ils soient rendus à un travail plus naturel et plus sain, examiner la condition présente de ces petits auxiliaires de l'industrie, nous rendre un compte exact de ce que la loi a fait, de ce qu'elle peut encore faire pour eux, nous efforcer enfin de découvrir la formule pratique qui assure une protection efficace à l'enfance ouvrière, si vraiment il est inévitable, dans l'état social actuel, qu'un enfant soit un ouvrier.

Nous diviserons ce rapport en trois parties, intitulées ainsi qu'il suit :

1° *Historique sommaire de la législation française sur la protection du travail industriel de l'enfant;*

2° *Le régime juridique créé par la loi du 30 mai 1900 doit-il être considéré comme juste, comme normal et comme incommutable? Ne doit-il pas, au contraire, être revisé et amélioré?*

3° *Examen des divers systèmes proposés en vue d'assurer une protection plus efficace du travail de l'enfant : travail de demi-temps, recul de l'âge d'admission dans la fabrique, la manufacture ou l'atelier. Conclusions.*

I

Historique sommaire de la législation française sur la protection du travail industriel des enfants

« L'histoire de la femme chez les peuples primitifs, a dit Herbert Spencer, n'est autre chose qu'un long martyrologe.»

C'est aussi un martyrologe que l'on croit lire lorsqu'on prend connaissance des études et des enquêtes où nous a été conservée la description de la vie des enfants employés dans les fabriques au début de l'ère industrielle contemporaine. La machine avait déchargé en partie l'ouvrier des besognes de force ; par contre son service exigeait, disait-on, des petits doigts fins et de jeunes corps souples (1); l'emploi de l'enfant semblait donc tout indiqué et devait d'autant plus facilement se généraliser, que cette main-d'œuvre enfantine était extrêmement économique et permettait d'abaisser sensiblement le prix de revient des objets fabriqués. Aussi, dans tous les pays industriels, l'apparition de la machine eut-elle pour conséquence immédiate l'entrée en foule des enfants dans les premières usines.

Selon la formule alors en honneur, formule qui, dans la circonstance, semble cruellement ironique, le travail de l'enfant était laissé libre, en ce sens qu'aucune disposition légale ne le réglementait ; ce qu'était en fait cette liberté nous allons le voir.

---

(1) Au cours de l'enquête de 1837, l'avis unanime exprimé par les chambres de commerce, les chambres consultatives et les conseils de prud'hommes fut que l'emploi des enfants dans les ateliers industriels était une nécessité absolue. « C'était, observait on, une économie et d'ailleurs la tâche qui leur était confiée exigeait une délicatesse dans les doigts pour rattraper les fils et une souplesse de corps pour se glisser sous les métiers qu'on ne rencontrait pas chez les adultes.» VILLERMÉ, *Rapport sur l'état physique et moral des Ouvriers dans les fabriques de soie, de coton et de laine*, 1840, p. 88.

L'Angleterre tressaillit lorsqu'en 1833 la grande enquête sur le travail des enfants dans les usines lui révéla des faits auxquels, s'ils n'avaient été officiellement constatés, on aurait peine aujourd'hui à ajouter foi. Nous pourrions rapporter d'innombrables témoignages ; bornons-nous à trois citations. Écoutez d'abord une voix d'enfant : « J'ai quatorze ans, dit » un petit témoin aux commissaires. J'avais sept ans quand » je suis entré dans une filature, à Halling. C'est là que ma » taille commença à se déformer. Il y a plus de trois ans » que je suis complètement tordu en deux (1). »

Une mère de famille à laquelle on demande si elle ne pense pas que la journée de travail des enfants devrait être diminuée, répond en ces termes :

« Non, Monsieur, j'espère bien que les heures de travail » ne seront pas réduites. Car, déjà, maintenant, il nous faut » travailler dur pour vivre. C'est vrai ! les enfants sont » bien fatigués lorsque vient la nuit. Le premier coup de » cloche est sonné à 4 h. 1/2 du matin par la cloche de la » fabrique. Les enfants y sont à 5 heures ou 5 heures 1/2. » On les y garde jusqu'à 6 h. 1/2 du soir, sans aucune inter- » ruption pour déjeuner ou prendre le thé : *No time for* » *breakfast or tea*. J'ai bien du mal pour les éveiller. Oh non ! » Monsieur, je ne les retiens jamais à la maison, car nos » ressources ne nous le permettent pas ». Ne sonne-t-elle pas enfin comme un glas funèbre cette navrante déposition d'un père ? « *Mes enfants travaillent seize heures par* » *jour*. J'ai bien du mal à les faire lever le matin. Parfois je » suis obligé de les battre pour les réveiller. Cela me fait » pleurer d'être obligé d'agir ainsi » (*I have been obliged to beat them to get them well awake. It made me cry to be obliged to do so*).

Mais, dira-t-on, ces horreurs n'ont jamais pu être commises dans notre France. Si, vraiment. La condition des enfants, employés dans nos fabriques ou manufactures anté-

(1) Cité par Mme Mary Ward dans la préface du livre intitulé : *The Case for the factory acts*, par Mmes Sidney Webb et Ward. Londres Grant Richards, 1903, p. XIII.

rieurement à la loi du 22 mars 1841, n'était guère meilleure que celle des petits ouvriers anglais. D'après une enquête officielle à laquelle il avait été procédé en exécution d'une circulaire ministérielle du 31 juillet 1837 (1) « la durée du » travail effectif des enfants était de douze à quatorze heu- » res par jour dans les ateliers, sans comprendre une heure 1/2 » ou deux heures pour les repas, et relativement à l'âge, on les » admettait depuis six ans dans quelques localités des dépar- » tements de l'Isère, du Nord (Roubaix), du Haut-Rhin (Mul- » house). de la Seine-Inférieure (Rouen), du Bas-Rhin (Stras- » bourg), depuis sept ans dans l'Ain, l'Aisne, la Marne, » l'Indre, Maine-et-Loire et les Vosges. Mais en général on » peut regarder 8 ou 9 ans comme étant l'âge auquel les » enfants sont communément reçus ; à six ou sept ans les » travaux paraissent se borner à bobiner le fil ou à ramasser » le coton qui s'échappe des ventilateurs ».

Des protestations contre ces abus s'étaient déjà élevées dans les rangs mêmes des industriels. Dès 1827, des fabricants du Haut Rhin et plus particulièrement M Jean-Jacques, Bourcart, co-propriétaire de la filature Schlumberger, à Mulhouse, avait appelé l'attention de la Société industrielle de cette ville sur le dépérissement rapide des enfants dans les manufactures de coton. Quelques années plus tard, cette même société émettait un vœu en faveur de l'adoption d'une loi limitant la durée du travail dans les fabriques (2). Le Conseil général du Commerce, consulté en 1838 par le Ministre du Commerce, demandait que les enfants ne pussent être reçus au-dessous de huit ans dans les ateliers et manufactures et que, jusqu'à l'âge de quinze ans, le travail ne pût dépasser douze heures. Enfin, la plupart des Chambres de Commerce, des Chambres consultatives et des Conseils de prud'hommes consultés, comme il a été dit, par le gouvernement, émettaient l'avis que les enfants ne fussent pas reçus dans les fabriques avant neuf ou dix ans, que le travail fût interdit le dimanche, que les veillées fussent prohibées dans

(1) VILLERMÉ, op. cit. p. 72.
(2) *Ibid.*, p. 69-71.

le triple intérêt de la santé, de la moralité et de l'instruction publiques.

C'est à la suite de cette campagne que le gouvernement se décida à présenter un projet de loi qui, voté par les deux Chambres, devint la loi du 22 mars 1841, dont nous résumerons brièvement les dispositions essentielles.

La loi de 1841 n'est applicable qu'aux enfants employés dans les manufactures, usines, ateliers à moteur mécanique ou à feu continu, ainsi qu'aux fabriques occupant plus de vingt ouvriers. La réglementation qu'elle établit ne s'étend ni aux petits ateliers, ni aux professions commerciales.

L'âge d'admission des enfants est fixé à 8 ans. De huit à douze, la journée de travail ne pourra dépasser 8 heures; de 12 à 16 ans, elle est limitée à 12 heures. — En outre, la loi supprime le travail de nuit pour les enfants âgés de moins de 13 ans (sauf exception). Les enfants et adolescents de moins de 16 ans, ne pourront être employés les dimanches ni les jours de fêtes légales (art. 4.)

Les enfants âgés de moins de 12 ans ne peuvent être admis qu'autant que leurs parents ou tuteurs justifient qu'ils fréquentent une école publique ou privée existant dans la localité (art. 5).

Un livret obligatoire est délivré au père, à la mère ou au tuteur; il mentionne l'âge, les nom et prénoms, le lieu de naissance, le domicile de l'enfant, le temps pendant lequel il a reçu l'enseignement primaire (art 7.)

Enfin, la loi prévoyait la création d'inspecteurs du travail chargés de surveiller l'exécution de ses prescriptions (art. 10). Toute contravention devait être punie d'une amende de simple police de 1 à 15 francs.

Il semble difficile aujourd'hui, en 1903, de croire qu'une réglementation aussi timide, aussi manifestement insuffisante même puisqu'elle permettait d'enfermer huit heures dans une usine un enfant de 8 ans, — ait pu paraître exagérée, injustifiée même à certains esprits. Il en fut pourtant ainsi et quatre ans plus tard un économiste alors célèbre, Dunoyer, se déclarait formellement opposé au principe de la protection légale du travail des enfants et réclamait encore au nom de la liberté de l'industrie l'abrogation de la loi nouvelle (1).

---

(1) La déclaration mérite d'être citée. « Quoi en apparence de plus » légitime, de plus simple que de vouloir empêcher qu'on abuse

La loi du 22 mars 1841 ne fut pas abrogée, mais ses dispositions demeurèrent à peu près lettre-morte, ainsi que le constatait, en 1847, Charles Dupin, à la tribune de la Chambre des Pairs (1); l'inspection des ateliers fut confiée à des Commissions libres, nommées par les préfets, qui s'acquittèrent mollement de leur tâche et cessèrent même bientôt de fonctionner. En 1847, le gouvernement soumit à la Chambre haute un projet de loi qui eût modifié, en l'améliorant, la loi de 1841, et qui établissait un corps spécial d'inspecteurs du travail. Mais la Révolution de Février empêcha ce projet d'aboutir.

Mentionnons seulement la loi du 22 février 1851 sur l'apprentissage, ainsi que la présentation par le gouvernement impérial, en 1868, d'un projet de loi tendant à compléter le

---

» dans les manufactures de la faiblesse des femmes, des enfants, et
» pour y parvenir que de régler, suivant l'âge et le sexe, le nombre
» d'heures que devra durer la journée de travail ? Cependant il n'est
» pas bien sûr que cette mesure inspirée par un mouvement si
» naturel de charité et de philanthropie fût très favorable aux mal-
» heureux en faveur de qui elle aurait été prise. »

Dunoyer expose ensuite qu'on ne pourrait réduire les heures de travail des femmes et des enfants sans réduire aussi celles de tous les ouvriers car, les enfants et les femmes partis, l'atelier ne pourrait continuer à marcher. En outre cette réduction du travail entraînerait fatalement une réduction des salaires. Il conclut en ces termes : « Ce qu'il faut souhaiter ce n'est donc pas que le législateur intervienne arbitrairement dans les transactions de la classe ouvrière avec les chefs de fabrique et se mette à régler les heures de travail dont il ne lui appartient pas plus de déterminer la durée que le prix, mais qu'elle (la classe ouvrière) sache se placer par sa prévoyance dans une situation où elle n'ait pas besoin d'un si dangereux secours et qui lui permette naturellement de traiter à des conditions avantageuses; *c'est qu'au besoin elle sache, en limitant le nombre des naissances, prévenir le trop grand accroissement de celui des ouvriers et l'avilissement du prix de la main-d'œuvre*... Mais décider d'une manière générale que telle classe de travailleurs ne pourra être retenue au travail que tant d'heures, le législateur ne le peut réellement pas. » (*De la liberté du travail.* — Paris, Guillaumin, 1845, tome II, p. 369-371).

(1) « Depuis six ans la loi échoue; d'abord exécutée un peu, puis de moins en moins, on a fini par la déclarer inexécutable parce que nous n'avons pas constitué des inspecteurs puissants et indépendants. » (Cité par César Caire. — *La législation sur le travail industriel des femmes et des enfants.* Paris, Rousseau, 1896, p. 47).

régime établi en 1841. Ce projet était soumis au Sénat lorsqu'éclata la guerre de 1870.

La revision projetée de la loi de 1841 devait aboutir en 1874. La loi nouvelle (19 mai 1874) était applicable à toutes les manufactures, usines ou ateliers, quels que fussent le moteur et le nombre des ouvriers.

En principe les enfants ne pouvaient être admis avant l'âge de douze ans révolus; par exception, cependant, les enfants âgés de dix ans au moins pourraient être reçus dans certaines industries (une douzaine) déterminées par décret.

Dans les industries de cette dernière catégorie le travail quotidien des enfants âgés de 10 à 12 ans ne pouvait excéder 6 heures; ce travail de 6 heures était dit de *demi-temps* comme étant égal à la moitié d'une journée d'adulte.

L'enfant de 12 à 16 ans ne devait pas travailler plus de 12 heures coupées par des repos d'une durée non déterminée.

Les enfants âgés de moins de 16 ans et les filles mineures ne pouvaient travailler ni la nuit, ni les dimanches et jours de fêtes. Quelques dérogations à la prohibition pouvaient être établies par décret en ce qui concernait les enfants du sexe masculin. Les travaux souterrains étaient interdits aux enfants de moins de 12 ans et n'étaient permis aux enfants de 12 à 16 ans qu'à de certaines conditions.

L'enfant de moins de 12 ans était tenu de fréquenter une école pendant le temps laissé libre par son travail. Avant 15 ans révolus aucun enfant ne pouvait être admis à travailler plus de 6 heures par jour s'il ne justifiait par un certificat de l'instituteur avoir acquis l'instruction primaire.

La loi de 1874 prescrivait l'établissement d'un livret pour les mineurs de 16 ans et instituait un corps d'inspecteurs du travail qui devaient être assistés dans leur mission par des commissions locales nommées par le préfet. — Toute contravention aux prescriptions légales était punie d'une amende correctionnelle qui, en cas de récidive, pouvait s'élever à 200 francs.

La loi nouvelle réalisait d'importantes améliorations par rapport à la loi de 1841 qui, nous le savons du reste, n'était pas appliquée. Mais le régime légal créé en 1874 laissait encore beaucoup à désirer. La protection de l'adolescent cessait le jour où il atteignait ses seize ans, c'est-à-dire prématurément; le service de l'inspection du travail n'était encore qu'imparfaitement organisé; enfin le travail de demi-temps pour les enfants de dix à douze ans donnait prise à des critiques qui seront exposées par la suite. Aussi dès 1879, la Chambre était saisie de projets tendant à réviser la loi de 1875. Les lenteurs parlementaires prolongèrent pendant treize ans la venue de la loi attendue, qui fut enfin promulguée le 2 novembre 1892.

La loi de 1892 régit le travail des enfants, des filles mineures et des femmes dans les usines, manufactures, mines, minières et carrières, chantiers, ateliers et leurs dépendances, publics ou privés, laïques et religieux, à l'exception des travaux effectués en commun par les membres d'une même famille.

Elle ne permet pas d'employer dans ces établissements des enfants âgés de moins de 13 ans. Toutefois, les enfants âgés de 12 ans et munis du double certificat d'aptitude physique et d'enseignement primaire peuvent être admis (art. 2.)

Les enfants âgés de moins de 16 ans ne peuvent être employés à un travail effectif de plus de 10 heures par jour. Les jeunes ouvriers de 16 à 18 ans ne peuvent être employés à un travail effectif de plus de 60 heures par semaine; leur travail journalier ne peut excéder 11 heures. Les filles au-dessus de 18 ans et les femmes ne doivent pas travailler plus de 11 heures par jour. Un repos de 1 heure est prescrit pour tout le personnel protégé (art. 3.)

L'article 4 interdit de faire travailler la nuit les enfants âgés de moins de 18 ans, les filles mineures et les femmes. Un jour de repos par semaine est obligatoire (art. 5.)

La loi de 1874 réorganisait enfin le personnel de l'inspection du travail, les commissions supérieure et départementales; elle édictait diverses mesures pénales, des amendes plus ou moins fortes, contre les délinquants.

Mais l'expérience révélait bientôt la difficulté d'appliquer strictement la loi nouvelle dans les usines et manufactures.

Entre le travail des ouvriers adultes qui pouvait se prolonger douze heures (limite fixée par le décret du 9 septembre 1848), celui des femmes qui ne devait pas, d'après la loi nouvelle, dépasser 11 heures, celui des jeunes ouvriers et ouvrières de 16 à 18 ans dont la durée maxima était de 60 heures par semaine et de 11 heures par jour, enfin, celui des enfants mineurs de 16 ans (10 heures par jour) il existait en fait une corrélation étroite dont la loi avait eu tort de ne tenir aucun compte. Obliger un chef d'industrie à renvoyer au bout de 10 heures de travail les mineurs de 16 ans, c'était, en fait, le forcer à interrompre le travail de tout l'atelier. Des réclamations s'élevèrent. Certains patrons congédièrent tous les enfants. Ailleurs on tenta, mais avec un succès variable, d'organiser le travail par équipes.

La révision des articles de la loi de 1892 relatifs à la durée du travail parut une fois de plus s'imposer. Le résultat de ces délibérations parlementaires fut le vote de la loi du 30 mars 1900, qui est encore actuellement en vigueur. C'est sur le régime créé par cette loi que porteront en conséquence notre examen et notre discussion.

La loi du 30 mars 1900 s'applique à tous les jeunes ouvriers et ouvrières âgés de moins de 18 ans et aux femmes employées dans des établissements industriels. Elle ne modifie en rien les dispositions de la loi de 1892, autres que celles ayant trait à la durée du travail quotidien. Ainsi, par exemple, les dispositions de la loi de 1892, relatives à l'âge d'admission (12 ou 13 ans selon les cas), demeurent en vigueur.

L'économie de la loi de 1900, est fort simple. Elle unifie toutes les prescriptions concernant la journée de travail des enfants, des adolescents mineurs de 18 ans, des filles mineures, des femmes ainsi que des ouvriers adultes employés dans les mêmes locaux où travaillent des personnes appartenant à l'une ou à l'autre des catégories précédentes. Dans tout atelier où sont employés des mineurs de 18 ans, des filles mineures de 21 ans, ou des femmes, le travail est uniformément fixé ainsi qu'il suit :

jusqu'au 30 mars 1902 . . . . 11 heures par jour
jusqu'au 30 mars 1904 . . . . 10 h. 1/2 par jour
à partir du 1er avril 1904 . . . . . 10 heures par jour

La loi nouvelle réalise donc un véritable compromis entre les intérêts en cause. Elle laisse aux industriels un délai de quelques années pendant lesquelles la journée de travail des enfants sera même augmentée par rapport au régime antérieur (11 h. ou 10 h. 1/2 contre 10 h. auparavant). Mais, à partir du 1er avril 1904, la journée sera ramenée à 10 heures non seulement pour l'enfant qui, en somme, n'a tiré aucun bénéfice de la loi de 1900 et a même été momentanément un peu sacrifié, mais aussi pour les filles mineures de 21 ans, les femmes et les ouvriers adultes occupés dans les mêmes locaux.

Laissons de côté les femmes et les filles de 18 à 21 ans pour ne nous occuper que des enfants et des adolescents. La situation actuelle s'analyse ainsi :

A PARTIR DE 13 ANS (ET MÊME DE 12 ANS S'IL A OBTENU LE DOUBLE CERTIFICAT D'ÉTUDES PRIMAIRES ET D'APTITUDE PHYSIQUE), UN ENFANT PEUT ÊTRE SOUMIS À UN TRAVAIL EFFECTIF D'UNE DURÉE FIXÉE ACTUELLEMENT À 10 HEURES 1/2, ET QUI SERA RÉDUITE LE 1er AVRIL 1904 À 10 HEURES.

Un tel état de choses est-il admissible? Telle est la question qu'il nous faut maintenant examiner.

II

Le régime juridique créé par la combinaison des lois du 2 novembre 1892 et du 30 mars 1900 doit-il être considéré comme juste, comme normal, comme incommutable? Ne doit-il pas, au contraire, être revisé et amélioré?

Je n'hésite pas un instant, pour ma part, à répondre à la première de ces deux questions par la négative et à la seconde par l'affirmative.

Non, le régime juridique qui règle actuellement la condition de l'enfant employé dans les manufactures, fabriques ou ateliers, n'est ni juste ni normal ; il ne doit pas être considéré comme incommutable.

Oui, la revision de ce régime et son amélioration dans l'intérêt de l'enfant s'imposent avec toute la rigueur d'un devoir social.

Je tenterai de justifier ces propositions :

A) par des considérations empruntées à l'hygiène et fortifiées par le témoignage de savants et de praticiens dont la compétence ne saurait être mise en doute;

B) par un parallèle entre la législation française et celle des principaux États étrangers.

A. — Considérations hygiéniques

Entre tous les travaux auxquels l'homme peut se livrer, celui de la fabrique ou de l'atelier ou de la mine apparait comme particulièrement dangereux et malsain. Si l'on fait abstraction des carrières libérales, toutes les professions ou tous les métiers semblent pouvoir se répartir sous l'une ou l'autre de ces trois grandes divisions : agriculture, commerce, industrie. Or, les conditions de vie que l'industrie réserve à son personnel sont particulièrement périlleuses et antihygiéniques ; quelques faits entre mille que nous fournirait au besoin l'observation scientifique, suffiront à le démontrer (1).

Un savant russe, le docteur Dementieff s'exprime en ces termes : « L'homme, quelles que soient les conditions de vie » dans lesquelles il se trouve, manifeste immédiatement avant » et pendant l'époque de puberté, une accélération de son » développement physique s'exprimant non seulement dans » l'accélération de la croissance de la taille, du poids du » corps, de la circonférence thoracique, mais aussi de la » force musculaire. Cette période de l'accélération de la » croissance physique serait retardée chez les garçons tra- » vaillant dans des fabriques » (2).

Ce ralentissement du développement physique sous l'influence du travail industriel a été constaté dans tous les pays.

En Suisse, d'après les études poursuivies en 1889 par Schuler et Burkhard et leurs observations sur 18.000 ouvriers,

---

(1) Nous empruntons ces faits à l'intéressante étude du docteur Ilia Sachnine. *Étude sur l'influence de la durée du travail quotidien sur la santé générale de l'adulte* (thèse de médecine). Lyon, Impr. Mougin-Rusand, 1900, in-8.

(2) Cité par Sachnine, p. 77.

le séjour à l'usine entrave la croissance et nuit à la santé des jeunes ouvriers chez lesquels on constate fréquemment des difformités du thorax et de la colonne vertébrale. Le nombre d'exemptions du service militaire pour défaut de développement corporel était de 14,3 à 18,9 °/. dans les cantons où prédominait la vie rurale et de 19,7 à 23 °/. dans les cantons industriels.

Même constatation en Russie. D'après le professeur Erismann, la proportion des conscrits reconnus aptes au service militaire de 1876 à 1879 a été pour le district spécialement étudié (celui de Kline, gouvernement de Moscou) de 71 °/. parmi les agriculteurs, cochers, journaliers ; de 61,9 °/. parmi les commerçants, domestiques, les personnes exerçant des professions libérales ; de 59,6 °/. parmi les ouvriers d'usine.

En Angleterre, le *Final Report of the Anthropometric Committee* (1884), établissait ainsi qu'il suit la moyenne de la taille des jeunes hommes de 25 à 30 ans :

Classe privilégiée, professions libérales. .	1m75 ;
Négociants, clercs, boutiquiers.	1m72 ;
Ouvriers de campagne.	1m71 ;
Artisans des villes (petite industrie) . . .	1m69 ;
Ouvriers d'usine	1m67 ;

En France, diverses observations relevées à Lyon, dans la Seine-Inférieure, dans le Calvados, dans le Nord, confirment le fait de l'abaissement de la taille chez les jeunes gens exerçant des professions industrielles.

La morbidité et la mortalité sont, dans tous les pays, plus élevées parmi les ouvriers de fabrique que parmi les agriculteurs et les employés de commerce (1).

Enfin, si nous portons notre attention sur la statistique des accidents dans l'industrie, nous constatons que dans 41 cas sur 100, les victimes sont des enfants de moins de 15 ans et dans 36 autres cas des jeunes gens de 15 à 25 ans (2).

(1) Sachnine, Op. cit., p. 211 et suiv.
(2) Napias, *Hygiène industrielle*, 1882, p. 271.

L'ensemble de ces faits démontre, croyons-nous, la nécessité d'une législation protectrice du travail des enfants employés dans l'industrie, qui ne sauraient sans grave imprudence être admis trop tôt dans les fabriques, ni soumis prématurément à un travail trop long ou trop pénible.

Il nous faut maintenant examiner si les lois de 1892 et de 1900 ont tenu suffisamment compte de ces considérations et si, en autorisant l'emploi industriel des enfants à partir de 12 ou 13 ans, ainsi qu'en fixant à 11 heures, puis 10 heures 1/2 et 10 heures la durée de la journée de travail, ces lois ont accordé aux enfants une protection qui ne laisse rien à désirer.

Ecartons d'un mot une objection. La question, pourrait-on dire, a été prévue et résolue par la loi de 1892 qui subordonne d'une part l'admission des enfants de 12 ans seulement munis déjà du certificat d'études primaires à la production d'un certificat d'aptitude physique et qui permet d'autre part aux inspecteurs du travail de requérir l'examen médical de tous les enfants au-dessous de 16 ans et d'exiger le renvoi d'un enfant sur l'avis conforme du médecin. Ces dispositions ne sont le plus souvent pas appliquées. Le rapport de la Commission supérieure du travail dans l'industrie pour l'année 1900 constate (p. XLII) qu'il est impossible de citer au cours de cette année un seul exemple de renvoi d'enfant de moins de 16 ans à la suite d'une intervention administrative et d'un examen médical. Quant au certificat d'aptitude physique, il est généralement délivré sur simple demande des intéressés, le plus souvent sans aucun examen préalable de l'enfant (ibid., p. XL et XLI).

La question que nous avons posée demeure donc entière et il reste à décider si une législation qui permet de faire travailler actuellement 10 heures 1/2 et bientôt seulement 10 heures par jour des enfants de 12 ans (avec le double certificat) ou de 13 ans (sans aucun certificat) doit ou non être révisée dans l'intérêt de l'enfant ?

Il nous a paru que les meilleurs juges en pareille matière étaient non les industriels trop intéressés dans le débat, non les ouvriers trop mal instruits des données du problème, non pas même les jurisconsultes ou les hommes politiques, mais les hygiénistes, les médecins qu'une expérience quotidienne a mis à même de connaître à fond le tempérament des enfants, de suivre la marche de leur développement, d'apprécier les progrès de leurs forces, de savoir quels efforts il est possible de leur demander et quelle tâche il serait téméraire de leur imposer. Nous avons donc résolu d'ouvrir une petite enquête, de faire appel aux lumières de quelques-uns des médecins les plus spécialement initiés à l'étude de l'hygiène et des maladies de l'enfance. Ce sont les réponses de ces précieux témoins que nous enrégistrons ici en les remerciant sincèrement du concours qu'ils ont bien voulu nous accorder dans un but scientifique et humanitaire (1).

La réponse la plus brève mais aussi la plus catégorique qui nous soit parvenue est celle du docteur Grancher, professeur à la Faculté de médecine et membre de l'Académie de médecine :

« Je n'hésite pas, — nous écrivait le 23 avril, l'éminent professeur, — je n'hésite pas à vous répondre que le travail plein de 10 heures exigé d'un enfant de 13 à 14 ans est une erreur antiphysiologique.

Il faut à ces enfants *une demi-ration de travail et une double ration d'aliments.*

C'est à peine si, à 14 ans, un enfant peut supporter 8 heures de travail et non 10. Du reste, à mon avis, la journée de 8 heures s'impose et s'imposera même pour les adultes. »

En principe, nous écrit le Docteur Maurice Letulle, médecin des hôpitaux (lettre du 24 mai 1903) :

Il est *criminel* de condamner un enfant de 12 à 15 ans à un travail quotidien dans une fabrique ou manufacture. Pour un enfant (fille ou garçon) tout travail manuel dans un espace clos, prolongé quelques heures, présente des dangers pour la santé physique du

(1) On remarquera que la plupart de nos correspondants supposent avec nous la journée de travail de 10 heures et non de 10 heures 1/2 (durée actuelle jusqu'au 30 mars 1904). Nous avons tenu en effet à poser la question dans toute son ampleur. Puisque dans un an, la journée de travail sera réduite à 10 heures, il nous a paru légitime d'interroger dès à présent les hygiénistes auxquels nous nous sommes adressés sur les conséquences, pour la santé de l'enfant, de 10 heures de travail quotidien. La condamnation de la journée de 10 heures implique *a fortiori* celle de la journée de 10 heures 1/2.

petit être et *doit nuire à son développement corporel*. L'enfant ne doit pas travailler manuellement dans un espace enfermé. Il lui faut vivre à l'air, libre dans ses mouvements et dans ses jeux, car le jeu, et les dépenses musculaires qu'il occasionne, sont des nécessités physiologiques, aussi indispensables à la vie de l'enfant que l'air pur, l'alimentation abondante et variée, le sommeil prolongé.

« L'enfant — poursuit éloquemment le Docteur Letulle — a besoin de sa ration de jeu comme il a besoin de sa ration de joie. La tristesse de l'usine lui est une source de mort, aussi sûre que la faim pour l'adulte indigent.

User des forces naissantes de l'enfant, pour transformer en travail rémunérateur les gestes, qui sont la condition indispensable de son développement corporel, c'est atrophier l'espèce dans ses espérances lointaines, c'est condamner à la tuberculose des milliers de pauvres êtres qui vivraient sains, et deviendraient des ouvriers robustes ».

Du Dr Hutinel, professeur à la Faculté de Médecine, médecin de l'Hospice des Enfants assistés :

« Je crois qu'il est excessif en principe, de faire travailler 10 heures par jour un enfant de 12 à 13 ans. Mais quand il s'agit d'indiquer d'une façon précise le nombre d'heures de travail que peut fournir un enfant de cet âge, on ne tarde pas à voir que cette fixation devient arbitraire et impossible pour les enfants de 12 à 13 ans, qui n'ont ni la même force, ni la même résistance, pas plus qu'ils ne sont uniformément développés. D'autre part le travail n'est pas toujours le même. Dans certaines industries il ne nécessite qu'un déploiement de forces insignifiant ; dans d'autres, il cause un véritable surmenage. Il y a des usines saines, il y en a de malsaines. Comment faire de tout cela une moyenne applicable à tous les sujets d'un même âge ? Je ne crois pas le choix possible.

N'y a-t-il donc rien à faire ? je crois au contraire qu'il y a tout à faire pour améliorer ce qui est. Ne pourrait-on dans les industries qui nécessitent un travail pénible, limiter à 6 ou 8 heures le travail des enfants ? Mais que feront ces enfants en dehors de ces heures ? Si on ne les occupe pas, ils feront le mal presque certainement. Je me demande donc s'il ne serait pas possible de les instruire, en créant des écoles ou plus simplement en les envoyant aux écoles déjà existantes. »

Du Dr Sevestre, membre de l'Académie de Médecine (lettre du 1er mai 1903) :

« Vous me demandez si je pense que l'on doive considérer comme normal le fait, pour un enfant de 12 à 13 ans, de travailler 6 jours sur 7, dix heures par jour, et s'il n'est pas à craindre que ce travail ne nuise au développement physique, à la croissance, etc.

La réponse à cette question dépend évidemment jusqu'à un certain point de la nature du travail lui-même et des conditions dans lesquelles il s'exerce (le travail au grand air étant par exemple moins nuisible que celui qui a lieu dans un espace clos, dans une usine plus ou moins malsaine, etc.) D'une façon générale, cependant, je pense qu'il est excessif de demander un travail sérieux de 10 heures à un enfant de 12 à 13 ans en pleine période de croissance, et j'estime qu'il peut en résulter des conséquences fâcheuses au point de vue du développement physique. »

Du Dr Marfan, professeur agrégé à la Faculté de Médecine, médecin de l'hôpital des Enfants malades (reproduction écrite d'un avis exprimé oralement) :

« Non, un enfant de 12 à 13 ans ne peut travailler 10 heures par jour dans une manufacture sans que son développement en souffre. Mais, dans la pratique, il faut certainement adapter à chaque cas particulier, l'application de ce précepte général. Si le chiffre de 10 heures paraît devoir être toujours diminué, la fixation de la durée quotidienne du travail des enfants ne pourra obéir à une règle unique; elle dépendra de la nature du travail qui est, suivant les cas, plus ou moins fatigant ; elle dépendra des conditions dans lesquelles le travail est effectué (le travail en plein air est plus sain que le travail en milieu confiné); elle dépendra du développement physique du sujet, et à ce point de vue, il faudra exiger un certificat d'aptitude délivré par un médecin après un examen attentif. En un mot, il y aura lieu de distinguer des questions d'espèces. »

Les réponses des Drs Proust, Variot, Jalaguier sont, à quelques nuances près, analogues aux précédentes ; nous les reproduisons cependant, en raison de la haute autorité qui s'attache à de tels témoignages :

« Evidemment, en se plaçant au point de vue de l'hygiène, il y aurait lieu de ne pas demander à un enfant de 12 à 13 ans, un travail industriel de 10 heures par jour. Mais, étant données les circonstances et nécessités qui sont généralement en opposition avec les règles de l'hygiène, il faut rechercher dans quelle proportion les dangers ou les inconvénients peuvent être atténués par les conditions du travail dont la nature même a la plus grande importance et dont la nocuité peut être réduite si l'on pose en principe absolu qu'il ne sera demandé à l'enfant aucun travail pénible (lettre du docteur Proust, professeur à la Faculté de Médecine, membre de l'Académie de Médecine, inspecteur général des services sanitaires, 25 avril 1903).

« Il me paraît probable que si les hygiénistes et les médecins qui s'occupent spécialement du développement physique de l'enfance avaient été consultés, cette durée légale du travail dans les ateliers ou dans les établissements plus ou moins salubres eût été abaissée.

Il me semble que la question devrait être examinée suivant les industries plus ou moins pénibles et plus ou moins salubres et aussi suivant les saisons. L'hiver, il n'y a pas plus de 10 heures de lumière et il est vraiment fâcheux que les enfants soient séquestrés pendant ce laps de temps. Il est vrai, comme je l'ai établi dans mon rapport à la Commission de la dépopulation auquel vous faites allusion, que l'âge de 10 à 14 ans est celui où l'on meurt le moins dans tous les pays d'Europe. Mais cet âge durant lequel la vie semble si solide à cause de l'activité de la nutrition est aussi celui de la puberté, de l'achèvement du développement du squelette et des organes. Si vous entravez ce développement physiologique par la séquestration et le surmenage précoce, vous préparez le terrain à la pullulation de tous les germes morbides et surtout à la tuberculose. Il me paraît donc indispensable d'abaisser de plusieurs heures par jour la durée du travail industriel imposé actuellement aux enfants et cela *en principe* quelle que soit l'industrie qu'utilise ce travail » (lettre datée du 10 ma 1903 du docteur Variot, médecin des hôpitaux, rapporteur de la commission de la dépopulation).

Le Docteur Adolphe Jalaguier, chirurgien de l'Hospice des Enfants assistés, estime que :

« Pour la fixation tant de l'âge d'admission dans les ateliers » industriels que du nombre d'heures de travail à demander à des » enfants, il y a lieu de tenir compte des conditions particulières à » chaque industrie.

» Cependant dans les entreprises où l'enfant doit donner un tra- » vail mécanique, il serait prudent de ne pas l'admettre à l'atelier » avant l'âge de 14 ans puis, tant que dure sa croissance, d'inter- » rompre le travail toutes les deux heures par des quarts d'heure » de repos. »

Enfin, nous avons reçu d'un praticien très distingué, le Dr Georges Baudouin, assistant de consultation à l'hôpital Saint-Louis, une lettre fort intéressante et instructive, dont nous citerons les passages essentiels :

« L'état de choses actuellement établi par la loi est déplorable. » Il est monstrueux qu'un enfant puisse être astreint six jours sur » sept à 10 heures de travail dans une fabrique par cela seul » qu'il a atteint l'âge de douze ans et qu'il est pourvu du certificat » d'aptitude physique. A 12 ans, en effet, l'être humain entre dans » une des périodes les plus difficiles de la vie aux points de vue » physique et moral : c'est l'*adolescence* qui va durer plusieurs » années jusqu'à ce que soit achevé son complet développement, » c'est-à-dire jusqu'à 16 ou 18 ans pour quelques-uns, plus tard » même pour un grand nombre. Pendant toute cette période, l'orga- » nisme ayant à supporter les frais d'une transformation complexe » et intense, il est doublement nécessaire d'assurer l'intégrité de ses » différents rouages et de leurs fonctions. De là l'obligation de le

» faire vivre dans des conditions d'hygiène absolue physique ou » morale. Or, ces conditions, nous les voyons négligées dans l'atelier » ou la fabrique. Là, en effet, le milieu est essentiellement nocif à » tous égards : air confiné, surchargé de gaz toxiques, de poussières » virulentes (pathogènes), tous éléments auxquels résistent difficile» ment les organismes en voie de développement et par conséquent » très vulnérables. Ai-je besoin d'ajouter l'influence déplorable des » mauvais exemples et des entraînements auxquels les êtres jeunes » et non encore armés pour se défendre sont incapables de résister : » mauvais régime alimentaire, alcoolisme précoce (très fréquent), » usage prématuré du tabac, vie sexuelle anticipée avec ses plus » tristes conséquences ? Comment ose-t-on demander 10 heures de » travail à des êtres dont la résistance est déjà soumise à de si rudes » épreuves ?...

» Pour me résumer, l'individu doit être ménagé et tenu à l'écart de » l'atelier pendant sa croissance, parce qu'il est plus fragile, plus » accessible qu'à toute autre période de sa vie, à toutes les influences » nocives qui se trouvent réunies dans le milieu. J'ajoute qu'à cet âge » on observe très fréquemment un trouble de la nutrition caractérisé » par un excès d'usure organique qui se traduit par de la phospha» turie, de l'azoturie et de la chlorurie, c'est-à-dire par la déminéra» lisation souvent combinée avec un défaut d'utilisation des éléments » azotés. Ce trouble nutritif réclame l'épargne de toute fatigue, de » toute usure et de toute excitation, c'est-à-dire un régime absolu» ment inconciliable avec la vie du jeune ouvrier. »

Ainsi qu'il a été facile de s'en rendre compte à la simple lecture de ces témoignages, l'avis unanime des médecins qui ont bien voulu nous aider de leurs lumières est contraire au maintien pur et simple de la législation d'aujourd'hui et de demain, c'est-à-dire à la journée de 10 h. 1/2 ou 10 heures de travail pour les enfants de 12 à 13 ans (1). Le plus circons-

---

(1) Nous citerons également pour mémoire les vœux émis par le Xe *Congrès international d'Hygiène et de Démographie* tenu à Paris en 1900. « Les enfants ne peuvent être admis avant 16 ans » aux travaux industriels auxquels ils sont reconnus aptes, sans » danger pour leur santé et leur développement. Ils ne sont admis » dans l'industrie à cet âge que s'ils sont munis d'un certificat sco» laire d'éducation intellectuelle, physique et technique suffisante » et d'un certificat médical d'aptitude physique. Ils restent soumis » à un examen médical périodique. La durée du travail journalier » des enfants et des adolescents doit être la moitié de celle des » ouvriers adultes » (*Compte-rendu* du Congrès, in-8, Paris, Masson, sans date, p. 532, rapport de M. Vaillant, député, sur la législation et la réglementation du travail au point de vue de l'hygiène, p. 502-534).

pect de nos honorables correspondants, celui dont l'avis est entouré de plus de réserves, le Docteur Proust, déclare lui-même très nettement qu'« au point de vue de l'hygiène il y a » lieu de ne pas demander à un enfant de 12 à 13 ans un tra- » vail industriel de 10 heures par jour ». Aucune divergence ne s'est produite sur cette question de principe.

La grande majorité des médecins consultés observent encore que la future réglementation du travail des enfants doit tenir compte des conditions propres à chaque industrie et que l'âge d'admission devra être plus ou moins retardé selon la nature du travail plus ou moins pénible, plus ou moins malsain qui sera demandé à l'enfant. Cette remarque paraît parfaitement fondée et devra, ce nous semble, être prise en considération lors de l'élaboration de la future réforme.

Notre enquête sommaire auprès des médecins hygiénistes a conclu à la nécessité de revoir les lois de 1892 et de 1900 sur le travail industriel des enfants. Cette révision paraîtra s'imposer encore davantage lorsque nous aurons comparé les dispositions de ces deux lois avec celle des législations étrangères sur le même sujet.

B. — Parallèle entre la législation française et les législations étrangères sur le travail de l'enfance

Nous nous proposons de démontrer que dans la grande majorité des Etats étrangers et notamment dans les principaux Etats industriels la législation sur le travail des enfants dans les fabriques est en avance sur la législation française, en ce sens que dans ces pays, la loi fixe à un âge plus reculé que celui prévu par la loi française (12 ans avec certificats d'études primaires et d'aptitude physique, 13 ans dans tous cas), l'époque à laquelle l'enfant peut être sinon admis dans les fabriques, manufactures ou ateliers, du moins obligé de fournir une pleine journée de travail.

Angleterre. — La législation anglaise a établi diverses

catégories de personnes protégées : les *enfants*, c'est-à-dire les jeunes travailleurs âgés de moins de 14 ans, les *adolescents* âgés de 14 à 18 ans (ainsi que ceux de 13 ans munis du certificat scolaire), enfin les femmes dont nous n'avons pas à nous occuper ici.

Aux termes de l'article 62 de la loi du 17 août 1901, il est interdit d'employer des enfants de moins de 12 ans dans les fabriques et ateliers.

Les enfants de 12 ans et ceux de 13 ans non munis du certificat scolaire ne peuvent être admis à travailler que la demi-journée (le matin seulement où l'après-midi seulement) ou un jour sur deux. S'ils travaillent la demi-journée, ils commencent leur tâche dans les fabriques textiles soit à 6 ou 7 heures du matin pour le terminer de midi à 1 heure, soit de midi à 1 heure pour finir à 6 ou 7 heures du soir. Ils ne doivent pas travailler plus de 4 h. 1/2 sans un repos d'une demi-heure. Le travail à la demi-journée dans les fabriques non textiles est un peu plus long.

Les adolescents âgés de 14 ans au moins ou de 13 ans (avec certificat scolaire) peuvent travailler chaque jour dans les fabriques textiles, samedis exceptés, de 6 heures du matin à 6 heures du soir ou de 7 heures du matin à 7 heures du soir, avec 2 heures au moins de repos, soit 10 heures de travail effectif. Mais le samedi le travail industriel, s'il a commencé à 6 heures du matin, cesse à 11 h. 1/2 et toute occupation à midi ; s'il a commencé à 7 heures, le travail de la fabrique cesse à midi 1/2 et toute occupation à 1 heure. La durée totale du travail hebdomadaire dans les fabriques textiles est donc de 56 heures (55 1/2 si on ne tient compte que du travail industriel proprement dit). Dans les fabriques non textiles la durée du travail hebdomadaire des adolescents peut atteindre 60 heures.

La loi anglaise, un peu compliquée à première vue, apparait comme plus favorable à l'enfant que notre législation. En effet :

1° En France une pleine journée de 10 heures de travail peut être imposée à un enfant de 13 ans dans tous les cas *et même à un enfant de 12 ans muni du double certificat.*	1° En Angleterre la pleine journée de travail (10 heures) ne peut être imposée qu'aux adolescents de 14 ans, exceptionnellement aux enfants de 13 ans pourvus du certificat d'études primaires, jamais à un enfant de 12 ans.
2° La durée hebdomadaire du travail des enfants et adolescents de 12 à 18 ans peut être de 60 heures dans toutes les industries.	2° Le travail hebdomadaire des enfants âgés de plus de 14 ans (13 ans avec certificat) employés dans les fabriques textiles ne peut dépasser 56 heures.

Allemagne. — Aux termes de la loi du 1er juin 1891 (1), l'âge minimum d'admission des enfants est de 13 ans. En outre, de 13 à 14 ans, la durée du travail ne peut excéder 6 heures par jour, avec un repos d'une demi-heure. De 14 à 16 ans, la durée maxima du travail est fixée à 10 heures, avec un repos d'une demi-heure.

Ainsi, tandis qu'en France on peut exiger d'un enfant de 12 à 13 ans, dix heures de travail par jour, la loi allemande reporte à 14 ans l'époque à laquelle la pleine journée de travail est autorisée.

Autriche (loi du 8 mars 1885). — Dans la petite industrie, l'admission au travail est autorisée à 12 ans. *Mais, de 12 à 14 ans, le travail ne peut excéder 8 heures par jour.*

Dans la grande industrie, l'âge d'admission est reporté à 14 ans. La journée de travail des adolescents de 14 à 16 ans est limitée à 11 heures (2).

Dans l'une et l'autre catégories, le jeune ouvrier autrichien

(1) D'après les *Amtliche Mittheilungen aus den Jahres=Berichten der Gewerbe=Aufsichtsbeamten* (Inspection du travail) 1897. Berlin, Bruer, 1898. Anlage II, 1 et 3, le nombre des enfants âgés de moins de 14 ans employés dans l'industrie allemande n'était en 1897 que de 6.151. Sur 100 enfants au-dessous de 16 ans employés dans les fabriques, 99 0/0 en Prusse, 90 0/0 en Bavière étaient âgés au moins de 14 ans. — Le nombre des enfants de 14 à 16 ans travaillant dans les établissements industriels s'élevait à 259.570.

(2) Sur une population ouvrière de 470.397 personnes inspectées en 1895 on ne comptait que 212 enfants de 12 à 14 ans contre 32.163 enfants de 14 à 16 ans.

n'est donc autorisé à faire une pleine journée de travail qu'à 14 ans et non à 12 ou 13 ans, comme chez nous.

DANEMARK (loi du 23 mai 1893). — L'admission est, il est vrai, fixée à un âge moins avancé qu'en France : 10 ans avec certificat d'aptitude. Mais *de 10 à 14 ans la durée du travail ne doit pas excéder six heures* coupées par une demi-heure de repos ; de 14 à 18 ans la journée de travail ne peut dépasser 10 heures.

NORWÈGE (loi du 27 juin 1892.) — L'âge minimum d'admission est 12 ans. *Mais de 12 à 14 ans le travail ne peut excéder six heures.*

SUÈDE (décret du 18 novembre 1881). — Age d'admission 12 ans. *De 12 à 14 ans le travail effectif quotidien ne peut excéder six heures avec une demi-heure de repos* ; de 14 à 18 ans, la durée maxima du travail est de dix heures avec 2 heures de repos.

SUISSE. — Aux termes de la loi fédérale du 23 mars 1877, il est interdit d'admettre dans les fabriques des enfants âgés de moins de 14 ans.

RUSSIE (loi des 3-15 juin 1886 ; 8-20 juin 1893). — L'âge d'admission est 12 ans. *Mais de 12 à 15 ans la journée de travail ne doit pas, sauf exception, dépasser 8 heures,* ni le travail se poursuivre sans interruption plus de 4 heures.

HONGRIE (loi des 18-21 mai 1884). — L'âge d'admission est de 12 ans. Pour la petite industrie, la journée de travail de 10 heures est autorisée dès cet âge. Mais dans la grande industrie les enfants de moins de 14 ans ne peuvent être astreints à plus de 8 heures de travail quotidien.

Dans tous ces pays, auxquels on pourrait ajouter l'Espagne (1), depuis la promulgation de la loi du 13 mars 1900, la législation accorde donc à l'enfant une protection plus efficace que celle qui procède pour le petit ouvrier français, des lois de 1892 et 1900. L'âge d'admission au plein travail est presque partout de 14 ans (parfois 15 ans), au lieu de 12 ou 13 ans en

(1) Age d'admission : 10 ans, mais les enfants au-dessous de 14 ans ne peuvent travailler plus de 6 heures par jour.

France (1). Quatre Etats seulement : la Belgique, l'Italie, les Pays-Bas, le Portugal sont régis par une législation n'accordant à l'enfant que des garanties égales ou inférieures à celles que nos lois ont déterminées.

Belgique. — Aux termes de la loi du 13 novembre 1889, il est interdit d'admettre dans les établissements industriels des enfants de moins de 12 ans. De 12 à 16 ans, les enfants et adolescents ne peuvent travailler plus de 12 heures par jour avec un repos d'une heure et demie. La même loi (art. 4) dit que, dans les trois ans, le Roi règlera la durée du travail journalier ainsi que la durée et les conditions du repos en ce qui concerne les enfants et les adolescents âgés de moins de 16 ans. En fait, les arrêtés royaux ont, dans beaucoup de cas, réduit assez considérablement la journée de travail des enfants.

Italie. — Aux termes de la loi du 19 juin 1902, les enfants de moins de douze ans ne peuvent être employés dans l'industrie. La durée maxima du travail quotidien est fixée à onze heures pour les enfants âgés de moins de 15 ans.

Pays-Bas (loi du 5 mai 1889.) — L'âge d'admission est 12 ans. Les enfants et adolescents de moins de 16 ans ne peuvent d'une manière générale travailler plus de onze heures avec un repos minimum d'une heure.

Portugal (décret-loi du 14 avril 1891). — Les enfants ne sont reçus dans les fabriques qu'à l'âge de 12 ans (par exception dans certaines industries, 10 ans pour les enfants munis du certificat d'études primaires). Les enfants de moins de 12 ans ne peuvent travailler plus de 6 heures, ni les adolescents âgés de moins de 16 ans, plus de dix heures.

De la revue à laquelle nous venons de procéder (2) il

---

(1) Aux Etats-Unis, 13 Etats ont édicté des dispositions relatives à l'âge d'admission des enfants dans les établissements industriels ; cet âge varie de 12 à 16 ans, selon la nature des industries. La durée quotidienne du travail est limitée dans 21 Etats ; elle est en général de 10 heures, exceptionnellement de 8 heures.

(2) Pour plus de détails sur la législation étrangère, consulter l'intéressante étude de M. Dollfus Francoz, Essai historique sur la condition légale du mineur, apprenti, ouvrier d'industrie, employé de commerce. Paris, Rousseau, 1900, p. 112-133.

ressort donc que dans la grande majorité des pays, l'enfant n'est pas abandonné aussi tôt qu'en France aux dangers du travail industriel intensif poursuivi pendant dix heures par jour. Il ne s'ensuit pas sans doute *ipso facto* que la France soit tenue de modifier sa législation dans le seul but de la mettre en harmonie avec celle des autres États. Nous avons fondé sur d'autres considérations plus solides, sur l'intérêt de l'enfant et de la race, sur la nécessité de protéger la santé du petit travailleur, nos conclusions tendant à réclamer en principe la revision des lois de 1892 et de 1900. Mais une objection devait être prévue. La France, n'auraient pas manqué de dire certains économistes et certains industriels, ne saurait devancer l'étranger dans la voie de la réforme demandée ; en reculant l'âge d'admission de l'enfant dans les fabriques, ou tout au moins l'âge où il sera admis au plein travail, nous nous placerions dans des conditions d'infériorité relativement à l'industrie anglaise, allemande, autrichienne, russe, etc. Cette objection est maintenant écartée. puisqu'il est établi que, presque partout, la loi protège, plus efficacement que nous ne le faisons, l'enfant et l'adolescent employés dans des établissements industriels.

III

Examen des divers projets de réforme tendant à accorder à l'enfant une protection plus efficace : travail de demi-temps, recul de l'âge d'admission dans la fabrique, la manufacture ou l'atelier.

Nous avons été amenés à cette première conclusion : il y a lieu de reviser les lois de 1892 et de 1900, en vue d'accorder au petit travailleur de l'industrie une protection efficace. Mais comment et par quels moyens est-il possible de procéder à cette revision ? Comment et par quels moyens pourra-t-on organiser cette protection nouvelle reconnue indispensable ?

Il est relativement aisé de réclamer une réforme ; il est plus difficile de la définir et de la préciser.

La réforme dont nous avons tenté de démontrer la nécessité et l'urgence semble pouvoir être obtenue par l'un ou l'autre de ces deux procédés :

Ou bien le recul pur et simple (à 14, 15 ou 16 ans par exemple) de l'âge minimum auquel l'adolescent pourra être admis dans les établissements industriels ;

Ou bien l'organisation obligatoire pour les enfants n'ayant pas atteint un certain âge (14, 15 ou 16 ans) du travail de demi-temps, c'est-à-dire la limitation de la journée de travail de ces enfants à la moitié de la durée d'une journée d'adulte.

Examinons tout d'abord cette dernière solution :

Du Travail de Demi-Temps

Ce système plaît tout d'abord par sa simplicité apparente et par sa réelle équité ; plus que tout autre, il paraît conforme à la loi naturelle. La croissance de l'enfant, le développement de ses facultés physiques et mentales ne sont pas l'œuvre d'un jour, mais s'opèrent progressivement, selon une évolution continue qui dure des années. La capacité au travail n'est pas un fait irréductible et indivisible dont on puisse dire seulement qu'il existe ou n'existe pas ; elle ne se révèle ni du premier coup ni dans toute sa plénitude. L'être humain est plus ou moins capable d'effort et de travail. Il semblerait donc logique de mesurer la durée du travail de l'enfant ou de l'adolescent à ses forces et d'augmenter graduellement cette durée à mesure qu'il grandit et se fortifie. L'enfant ou l'adolescent travaillerait par exemple 2 heures par jour de 12 à 13 ans, 4 heures de 13 à 15 ans, 5 ou 6 heures de 15 à 16, 8 heures de 16 à 18 ou à 20 ans, âge auquel le jeune homme pourrait sans danger fournir une pleine journée de travail. Un tel système est malheureusement, dans l'état actuel de l'industrie, tout à fait inapplicable. On sait, en effet, que le travail de l'adulte et celui de l'enfant ou adolescent sont étroitement liés dans les fabriques ou manufactures, qu'ils se commandent en quelque sorte l'un l'autre, et que dans la plupart des cas, la tâche de l'adulte doit être interrompue si son jeune auxiliaire vient à lui faire défaut. Licencier l'enfant au bout de 2, de 4 ou de 6 heures de travail, alors que l'ouvrier adulte continuerait son labeur et achèverait ses 10 ou 12 heures de travail est donc impossible.

Mais ne peut-on diviser les enfants en deux équipes qui se relaieraient et dont chacune travaillerait pendant la moitié d'une pleine journée, de telle sorte que l'ouvrier adulte aurait toujours auprès de lui un petit aide, celui du soir remplaçant, à midi par exemple, celui du matin ? Cette combinaison ingénieuse n'est autre que le système dit du travail de demi-temps : ce système paraît concilier l'intérêt de l'industriel et celui de l'enfant. Il semble qu'il nous apporte la solution tant cherchée.

Il semble.... dis-je. C'est qu'en effet nous n'en avons pas fini avec les difficultés ; bien au contraire, c'est maintenant que les critiques et les objections vont se presser en foule.

Le travail de demi-temps ? observe-t-on tout d'abord, l'idée en soi est fort séduisante. Mais qui dit demi-journée de travail dit aussi nécessairement demi-journée de liberté. Or que ferez-vous de l'enfant ou de l'adolescent si l'atelier ne l'occupe que le matin ou le soir ? lui concéderez-vous la liberté complète de ses heures de loisir ? non certes, car vous ne voulez pas encourager la formation de bandes de garnements de 12 à 15 ans que l'oisiveté livrera aux pires tentations. Ramènerez-vous l'adolescent sur les bancs de l'école primaire ? mais, à cet âge, l'école lui aura appris en général tout ce qu'elle avait mission de lui apprendre ; vous ne prétendez pas qu'il réapprenne à lire, à écrire et à compter. Créerez-vous des écoles professionnelles ? Mais ces écoles où la théorie est trop isolée de la pratique, ont donné jusqu'ici, d'après bien des témoignages du moins, d'assez piètres résultats tout en coûtant fort cher. Pensez-vous, au surplus, que l'enfant se fatiguera moins dans ces écoles qu'à l'atelier ou à la fabrique d'où vous prétendez l'exclure ?

Autre critique. Vous voulez, dit-on, diviser les jeunes gens en deux groupes. Prenez garde. Il sera bien difficile, peut-être même impossible d'assurer l'exécution d'une telle loi. Un contrôle incessant serait nécessaire pour éviter les fraudes, les confusions de personnes, les dissimulations d'identité, les subterfuges qui seront mis en œuvre pour paralyser l'effet de votre loi. L'enfant qui aura travaillé avec l'équipe du matin continuera bien souvent sa besogne l'après-midi comme faisant partie de la seconde équipe et la constatation de la contravention ne sera pas aisée.

Sans doute l'inspecteur qui, après avoir noté le matin la présence d'un enfant à l'atelier, l'y retrouvera le soir, pourra dresser procès-verbal. Mais précisément sa première visite aura donné l'éveil et ce jour-là l'enfant qui, d'ordinaire, travaille matin et soir, sera par exception renvoyé à midi, de telle sorte que l'inspecteur sera berné. Tout le monde en effet sera d'accord pour tromper sa surveillance : l'industriel, ennemi né de la réglementation légale, la famille de l'enfant, pour qui le travail de ce dernier est une ressource, l'enfant lui-même qui subit fortement cette double influence et qui, du reste, l'expérience l'a prouvé, préfère l'usine à l'école.

Ce n'est pas tout encore. Les adversaires du travail de demi-temps lui reprochent de doubler le nombre des apprentis (1). Sera-t-il possible, dit-on, de trouver à engager un si grand nombre de jeunes gens et si l'on y réussit n'est-il pas à craindre que l'on forme un nombre d'ouvriers très supérieur aux besoins de l'industrie ? Le travail de demi-temps a pour

(1) Cette objection est-elle aussi grave qu'elle le paraît au premier abord ? Il est permis d'en douter. Actuellement, bien que la loi autorise l'emploi des enfants dès 12 ou 13 ans, nombre d'enfants que leurs familles n'estiment pas encore assez robustes pour travailler à cet âge 10 heures par jour dans une fabrique, n'entrent à l'usine qu'à 14 ou 15 ans. Ces jeunes ouvriers seraient sans doute placés plus tôt dans les établissements industriels si le régime du demi-temps était institué ; mais leur entrée à l'usine ne serait qu'une anticipation et n'augmenterait pas le nombre des futurs ouvriers adultes. Certains patrons renonceraient sans doute à employer des enfants et les remplaceraient par des adultes. Enfin, il ne semble pas qu'en Angleterre où, jusqu'en 1890 tout au moins, le nombre des *half timers* a été relativement élevé, le demi-temps ait amené les résultats que l'on redoute.

effet de grossir cette armée de réserve de l'industrie, cette classe de travailleurs intermittents qui, en définitive, ne devrait pas exister dans un état social normalement organisé.

Qu'y a-t-il de vrai dans ces critiques? telle est la question qu'il nous faut maintenant examiner. Dans ce but, nous interrogerons d'abord les leçons du passé; nous nous demanderons *sans parti pris*, sans nous laisser influencer par aucune considération extra-scientifique, quels ont été, tant en France qu'à l'étranger, les résultats du travail de demi-temps. Puis cette rapide enquête terminée et notre procès-verbal rédigé, nous rechercherons si l'enseignement que nous aurons retiré de cette étude des faits s'applique exactement à la situation actuelle, si nous sommes autorisé à en déduire une conclusion ferme ou si, au contraire, nous ne devons pas tenir l'expérience du passé comme encore insuffisante et, sans prétendre nous former dès à présent une opinion catégorique, nous borner — ce qui serait déjà beaucoup — à préciser nettement la formule du problème et à nous mettre d'accord dès aujourd'hui sur la méthode à suivre pour parvenir à le résoudre.

Ainsi qu'il a été dit dans la partie historique de ce rapport, le travail de demi-temps a déjà fonctionné en France de 1874 à 1892. En eff t, d après la loi de 1874 :

1° Le travail des enfants de 10 à 12 ans, autorisé par exception dans certaines industries ne pouvait excéder six heures par jour.

2° Avant l'âge de 15 ans révolus, aucun enfant ne pouvait être admis à travailler plus de six heures par jour s'il ne justifiait, par un certificat de l'instituteur, avoir acquis l'instruction primaire élémentaire. Les enfants et adolescents étaient reçus dans des écoles spéciales (écoles de fabrique ou de demi temps), qui devaient être créées à leur usage exclusif.

Comment ce système a-t-il fonctionné? fort mal, si nous en jugeons par l'unanimité des témoignages recueillis.

Une circulaire, adressée par le Préfet de la Seine aux maires des vingt arrondissements de Paris, établit qu'en 1881, soit sept ans après la promulgation de la loi, ses dispositions étaient encore éludées à Paris. Les enfants qui eussent dû ne travailler que la demi-journée travaillaient dans nombre de cas toute la journée ; au lieu de les envoyer aux écoles de demi-temps ouvertes de 4 heures 1/2 à 7 heures, les familles, d'accord avec les chefs d'industrie, leur faisaient fréquenter les cours du soir créés pour les adultes. Après avoir constaté cet abus, le Préfet de la Seine s'efforce d'y mettre un terme : « Il importe que ces prescriptions ne demeurent pas lettre morte et que la distinction établie par l'Administration entre les enfants soumis à la loi du 19 mai 1874 et les adultes qui suivent de leur plein gré les cours du soir soit rigoureusement observée » (21 juin 1881).

Six ans plus tard, dans son rapport sur l'application de la loi de 1874 pendant l'année 1887, M. Laporte, inspecteur divisionnaire du travail pour le département de la Seine, constatait ce qui suit :

« Les enfants de moins de 12 ans employés dans les industries » autorisées sont aujourd'hui en petit nombre (1), par suite les écoles » spéciales créées pour eux dans les établissements où ils travaillent » diminuent chaque année. *Elles n'ont jamais donné d'ailleurs des » résultats bien satisfaisants, quoique la plupart aient à leur tête » des instituteurs zélés et consciencieux.* »

Au sujet des écoles de demi-temps pour enfants illettrés de 12 à 15 ans, le même inspecteur s'exprimait en ces termes :

« J'ai dit plus haut combien étaient stériles les résultats obtenus

(1) En 1879, au début de l'application sérieuse de la loi de 1874, dans le département de la Seine, il y avait 2.008 enfants de 10 à 12 ans travaillant dans les industries autorisées à occuper des ouvriers de cet âge. Depuis lors, tant par le fait des sévérités de l'Inspection que par l'action des commissions scolaires agissant au nom de la loi de 1882 sur l'enseignement, les jeunes enfants ont été presque partout remplacés par un personnel plus âgé. Le nombre des enfants de 10 à 12 ans employés dans l'industrie dans le département de la Seine est tombé progressivent de 2.008 en 1879 à 275 en 1881, à 116 en 1885, et à 56 en 1891. (Rapport de M. Laporte, inspecteur divisionnaire de la Seine pour l'année 1891, p. 13 de la publication officielle intitulée : Rapports sur l'application de la loi du 19 mai 1874 pendant l'année 1891, Paris, 1892, Imp. Nationale). Il n'existait plus dans la Seine, en 1891, que 7 écoles de fabriques et 18 classes de demi-temps (15 à Paris, 3 à St-Denis), ces dernières très irrégulièrement suivies par les enfants qui devaient les fréquenter (enfants illettrés de 12 à 15 ans).

» dans les écoles de fabriques. Les 35 classes de demi-temps entre-
» tenues à grands frais dans la plupart des quartiers de Paris pour
» les enfants illettrés de 12 à 15 ans n'ont pas donné de meilleurs
» résultats. Elles sont très peu suivies. Il y a une résistance générale
» et presque invincible de la part des patrons et aussi des familles
» à envoyer les enfants à la classe de 4 heures 1/2. Le patron dit que
» cela le prive de l'enfant au moment de la journée où il lui est le plus
» utile. Les parents envisagent surtout la suppression d'une partie du
» salaire, et comme les enfants illettrés appartiennent en général aux
» familles les plus pauvres et les plus nombreuses, ils cherchent à
» échapper à cette obligation. »

Enregistrons enfin cette déclaration catégorique de la *Commission supérieure du travail des enfants* (Rapport pour l'année 1888, p. 8) : « Bien que la loi de 1874 ait autorisé » l'emploi, pendant 6 heures par jour, des enfants de 10 à » 12 ans dans certaines industries et, en général, des enfants » de 12 à 15 ans non munis du certificat d'instruction primaire, » le travail au demi-temps n'a pu s'acclimater en France. »

De fait le nombre des enfants de 10 à 12 ans employés dans certaines industries ne cessait de décroître. En 1876, l'inspecteur du travail constatait la présence de 7.780 enfants de 10 à 12 ans dans 10.041 ateliers visités. En 1891, à la veille de l'adoption de la loi nouvelle, les inspecteurs ne trouvaient plus que 1.297 enfants âgés de moins de 12 ans, bien que le contrôle se fût exercé sur 69.951 établissements (*Rapport de la Commission supérieure*, année 1891, p. 3). L'opinion publique se montrait, en général, hostile au système de demi-temps. Le gouvernement ayant adressé (novembre 1886) aux Chambres de commerce, aux Conseils de prud'hommes, aux Syndicats professionnels, un questionnaire les invitant à se prononcer sur diverses questions et notamment sur celle du travail de demi-temps, 122 avis furent émis dans le sens du maintien de ce régime et 239 en faveur de sa suppression.

Portons maintenant notre examen sur deux grands pays voisins où fonctionne le système du demi-temps : l'Angleterre et l'Allemagne.

En Angleterre, le travail du demi-temps fonctionne depuis longtemps, mais ses résultats ne paraissent pas avoir été satisfaisants. En vertu de la loi de 1891, les enfants pouvaient être admis à 11 ans dans les fabriques. De 11 à 14 ans (13 ans s'ils avaient obtenu à cet âge le certificat scolaire), les enfants ne travaillaient que la demi-journée. En 1897, alors que cette loi était encore en vigueur, on comptait 85.491 enfants de 11 à 14 ans soumis au régime du demi-temps. Mais une loi de juillet 1899 (amendement Robson) éleva à 12 ans l'âge auquel l'enfant pouvait être exempté de la fréquentation de l'école ; par suite, le nombre des enfants travaillant au demi-temps, les *half-timers*, tomba à 51.260 enfants. Il n'était plus en 1900 que de 39.638, tandis qu'à la même date on comptait 136.793 enfants de 13 à 14 ans pourvus de certificat et 230.163 enfants de 14 à 16 ans travaillant la journée entière (sous réserve des limitations légales) (1).

Cette décroissance du nombre des *half-timers* est évidemment due en grande partie à la disposition précitée de la loi scolaire de 1899, disposition confirmée en 1901 par la loi nouvelle sur le travail des enfants. Mais, en réalité, le demi-temps fonctionne depuis longtemps assez mal en Angleterre.

Dans l'*Annual Report of the Chief inspector of Factories and Workshops for 1897*, p. 71, l'inspecteur du district de Dundee, M. Wilson, s'exprime en ces termes :

« Le nombre des enfants de moins de 12 ans employés à Dundee » a décru d'1 0/0 en 1897. J'attribue cette diminution moins au mau- » vais état des affaires qu'à la répugnance des patrons à employer » des enfants. Les petits ouvriers au demi-temps nécessitent beau- » coup de soins, d'attention, donnent beaucoup de mal aux manufac- » turiers et aux autorités scolaires. Les fabricants pensent que les » inconvénients qui résultent de leur emploi ne sont pas compensés » par des avantages correspondants. »

L'inspecteur, qui paraît désirer le recul pur et simple de l'âge d'admission des enfants, ajoute :

« Je ne pense pas qu'il faille regretter le demi-temps, du moins » pour l'industrie du jute. Si un ouvrier travaille dur, son petit » aide travaille plus dur encore. J'ai souvent vu ce dernier conti- » nuellement à l'ouvrage courant pieds nus d'une machine à l'autre,

---

(1) *Annual Report of the Chief Inspector of Factories and Workshops for the year 1900.* — Londres, 1901, p. 18.

» transpirant abondamment dans une atmosphère étouffante. Ces » petites créatures sont chétives quand elles commencent à travailler » à onze ans, et les circonstances dans lesquelles elles travaillent ne » sont guère de nature à favoriser leur croissance ».

M. Wilson signalait enfin les fraudes nombreuses commises pour faire échec à la loi. On dissimule l'identité réelle de l'enfant et il arrive souvent que ce dernier travaille pendant un an et plus la journée entière sans que l'autorité administrative en soit informée.

L'inspecteur du district de Stockport, M. Walmsley, constatait également la décroissance du nombre des half-timers (3.500 en 1892 dans les quatre principaux centres industriels du district, 1.675 en 1897). « Le pauvre *half-timer* paraît être » tombé dans un discrédit général ; maint patron s'exprime » ainsi : je ne veux pas être « assommé » avec ces travailleurs » au demi-temps ; ils sont un fléau. *I won't be bothered with* » *half timers, they are a nuisance.* Il me faut veiller à ce » qu'ils aillent à l'école ; il me faut examiner leurs livres de » classe. Ils perdent ainsi du temps alors qu'ils devraient » travailler ; si j'omets de m'acquitter de cette surveillance, » je risque un procès ; cela n'en vaut pas la peine.... » *(They are not worth of it).*

Les témoignages hostiles au demi-temps sont en grande majorité. Mentionnons cependant dans les rapports pour l'année 1900, celui du docteur Fraser, inspecteur du district de Paisley :

« Je puis dire que le système du demi-temps a fonctionné dans » les fabriques Coats et Cie (1) si bien que ses inconvénients ont été » réduits au minimum. Les examens scolaires des enfants employés » au travail de demi-temps attestent une instruction égale et même » supérieure à celle des enfants qui fréquentent l'école toute la » journée ».

En Allemagne, le nombre des enfants de moins de 14 ans employés au demi-temps en 1897 n'était que de 6.151 (3.770

---

(1) Il convient d'observer que les établissements Coats sont les plus grandes filatures d'Angleterre. Leurs propriétaires disposent donc de ressources et de moyens d'action qui leur facilitent l'organisation du travail de demi-temps.

garçons, 2.581 filles), contre 259.570 enfants de 14 à 16 ans. Les inspecteurs du travail constatent les résistances que rencontre l'application du travail de demi-temps :

« Les patrons, dit l'inspecteur de Düsseldorf, demandent qu'on » puisse employer sans limitation d'heures les enfants au-dessous » de 14 ans, qui ont obtenu le certificat primaire. Il est très difficile » aux parents de trouver à placer leurs enfants dans les établisse- » ments industriels lorsque ces derniers ne doivent travailler que » 6 heures ». *Es den Eltern sehr schwer fällt für ihre Kinder in gewerblichen Anlagen mit nur sechs stundiger Arbeitszeit ein Unterkommen zu finden* (1).

L'inspecteur de Hesse dénonce des fraudes fréquentes.

« Les chefs d'industrie ne veulent absolument pas employer des enfants dont le travail soit limité à six heures, car le contrôle leur est trop difficile. Les enfants préfèrent travailler à la fabrique que d'être employés chez eux à d'autres occupations » *(Ibid.)*.

Enfin l'inspecteur de Saxe-Cobourg Gotha signale diverses difficultés pratiques. Certains enfants demeurant fort loin de l'usine (1 lieue à 1 lieue 1/2), y viennent le matin avec leurs parents. Il est difficile de les renvoyer seuls chez eux, souvent à travers les bois, au milieu de la journée. Aussi certains industriels les font-ils rester, lorsque leur travail est fini, dans le jardin de la fabrique où on les emploie à de menus travaux de jardinage. (*Op. cit.* p. 62).

L'expérience tant de la France que de l'Angleterre et de l'Allemagne prouve surabondamment que le travail de demi-temps ne saurait être établi immédiatement, sans enquête préalable, sans examen préliminaire des multiples difficultés auxquelles son introduction inconsidérée donnerait infailliblement naissance. Faut-il aller plus loin, écarter définitivement et sans autre étude le système du demi-temps ? Quelque peu encourageants que semblent les résultats obtenus jusqu'ici, nous ne le pensons pas. Nous croyons en effet que l'expérience est moins probante qu'elle ne le paraît tout d'abord

---

(1) *Amtliche Mittheilungen aus den Jahres-Berichten der Gewerbe-Aussichtsbeamten* XXII. Jahrgang 1897, Berlin, Bruer, in-8, p. 61.

et qu'une enquête nouvelle, contradictoire, impartiale, vraiment scientifique peut seule nous permettre de nous prononcer en toute sûreté de conscience sur le travail de demi-temps et la convenance qu'il y aurait à l'admettre en l'organisant sur des bases solides ou à le repousser.

Nous disons tout d'abord qu'il ne serait pas juste de condamner définitivement le système du demi-temps parce que jusqu'ici il paraît avoir échoué dans les divers pays où il a été introduit. Cet échec relatif peut s'expliquer par deux causes qu'il importe, croyons-nous, de mettre en lumière.

1° L'application du système du demi-temps n'a pas jusqu'ici été entreprise ou poursuivie, comme il convenait, sur un champ assez vaste pour que ses résultats puissent être considérés comme concluants. Il est clair que l'organisation de deux équipes de jeunes travailleurs se relayant l'une l'autre constitue une opération délicate qui n'est pas sans créer au début certaines difficultés à l'industrie. Si cependant la loi est ainsi faite que les industriels soient, somme toute, intéressés à se prêter de bonne grâce à l'établissement du nouvel état de choses parce qu'en s'y montrant réfractaires, ils s'exposeraient à des inconvénients plus sérieux et subiraient des pertes plus onéreuses qu'en se pliant aux exigences de la réglementation adoptée, la réforme projetée aura de grandes chances d'aboutir. Il en pourrait être ainsi, croyons-nous, si la législation interdisait de faire travailler plus de 5 heures par jour les enfants et adolescents âgés de moins de 15 ans. Placé dans cette alternative : renoncer complètement à employer des enfants de moins de 15 ans, c'est-à-dire congédier un nombre relativement important de jeunes ouvriers à salaire réduit en les remplaçant par des ouvriers à plein salaire, ou continuer à faire travailler les enfants de 12 à 15 ans, en les divisant en deux équipes *(demi-temps)*, le chef d'industrie opterait sans doute le plus souvent pour ce second parti.

Mais si, au contraire, comme sous l'empire de notre loi de 1874, on n'organise le travail de demi-temps que pour un très petit nombre d'enfants (les enfants de 10 à 12 ans exerçant certaines professions limitativement énoncées et les enfants illettrés de 12 à 15 ans), les industriels seront évidemment très tentés d'échapper aux ennuis et aux tracas de la réglementation nouvelle en congédiant par exemple les enfants classés dans l'une des deux catégories ci-dessus énoncées. Après tout, il est assez aisé de se passer des enfants de 10 et 11 ans, ainsi que des enfants de 12 à 15 ans assez arriérés pour ne savoir ni lire, ni écrire. Leur concours n'est pas indispensable ; mieux vaut les renvoyer que d'avoir à modifier complètement le régime du travail en vigueur et à subir une surveillance administrative toujours désagréable. Selon le mot de l'usinier anglais rapporté plus haut, le travail de demi-temps ainsi compris ne vaut pas la peine que l'on prendrait à l'organiser. Ainsi raisonnaient de 1874 à 1892 nombre d'industriels. D'autres rusaient avec la loi, ce qui du reste était facile, le contrôle n'étant guère rigoureux ; on a vu par la circulaire du préfet de la Seine de 1881, que les enfants illettrés de 12 à 15 ans continuaient, en général, à travailler la pleine journée, mais que pour donner un semblant de satisfaction à la loi, on les envoyait, leur travail fini, à l'école du soir.

En Allemagne, où les enfants ne peuvent être reçus dans les fabriques qu'à 13 ans, mais sans que leur travail puisse excéder 6 heures par jour jusqu'à ce qu'ils aient atteint l'âge de 14 ans, le système de demi-temps donne lieu, là où il existe, à des plaintes nombreuses. Comment en pourrait-il être autrement ? il est vraiment difficile de demander aux industriels de créer deux équipes de travail uniquement pour les petits ouvriers de 13 ans dont le nombre, comme il a été dit, dépasse à peine 6.000 pour tout l'Empire.

En Angleterre le système du demi-temps a fonctionné tant bien que mal aussi longtemps que la loi le déclarait applicable aux enfants de 11 à 14 ans, c'est-à-dire à trois classes d'enfants. Plus de 85.000 enfants travaillaient encore au demi-temps en 1897. Mais depuis que l'âge d'admission a été reporté à 12 ans et que le nombre des enfants employés à la demi-journée a diminué de plus de moitié, le *half time* est de plus en plus discrédité.

Donc, si le législateur français se décide à établir le système du demi-temps, il devra, avant tout, poser en principe que les enfants âgés de moins 15 ans — peut-être de 16 — ne devront pas être employés plus de 5 heures par jour. Le travail de demi-temps apparaîtra dès lors comme une nécessité inéluctable.

2° Une seconde cause achève d'expliquer l'échec du système du demi-temps dans le passé; jamais, en effet, on n'a pris la peine d'organiser parallèlement au travail de demi-temps et de manière à le faire cadrer avec lui cet enseignement professionnel qui en forme le complément indispensable.

Les écoles de fabrique et de demi-temps créées de 1874 à 1892 étaient de simples écoles primaires dont le fonctionnement était, on le sait, très irrégulier. Il est évident cependant que si les enfants sont laissés libres la moitié de la journée, il sera nécessaire de trouver une occupation certes moins pénible, moins fatigante et surtout moins malsaine, mais enfin utile et profitable de l'autre moitié de leur temps. Précisément une enquête sur l'apprentissage à laquelle a procédé récemment le Conseil supérieur du travail a permis de constater la décadence de l'instruction professionnelle des ouvriers (1); sur 602.000 enfants employés dans l'industrie et le commerce (dont 74'000 pour le commerce et le surplus pour l'industrie), 10 °/₀ seulement sont à proprement parler

(1) A la suite de cette enquête, le Conseil supérieur du Travail a émis le vœu qu'une instruction professionnelle en rapport avec l'état choisi et exercé soit donné à l'enfant de moins de 18 ans, de façon qu'il ne soit pas condamné à rester manœuvre.

Cette instruction peut être donnée à l'atelier. Elle sera donnée dans des cours et écoles professionnels au fur et à mesure de leur développement, si elle ne peut être donnée à l'atelier, ou si le patron ne veut pas en accepter la responsabilité.

Le Conseil Supérieur du Travail a également émis le vœu qu'un examen théorique et pratique et un certificat d'instruction professionnelle soient institués (*Bulletin de l'Office du Travail*, novembre 1902, p. 769).

des apprentis dont la situation est réglée par un contrat écrit. L'instruction de 540.000 jeunes ouvriers et employés est donc laissée à l'arbitraire des familles ou des patrons sans qu'aucun règlement, aucune coutume analogue aux dispositions statutaires de nos anciennes corporations de métiers ou aux usages du compagnonnage d'antan, assure aux enfants un minimum d'enseignement.

L'instruction professionnelle des ouvriers est cependant l'un des facteurs du progrès économique et social.

« Si les inventions mécaniques, disait fort justement » M. Briat, dans son rapport au Conseil supérieur, ont beau» coup modifié l'apprentissage et rendu plus difficile la con» naissance pratique d'un métier, ce n'est pas une raison pour » nier ou éluder le problème de l'instruction professionnelle. »

Et le rapporteur invoquait à l'appui de cette assertion d'excellentes raisons. Les produits français qui obtiennent la plus grande faveur auprès de la clientèle étrangère ne sont-ils pas précisément ceux qui portent la marque du goût français : les objets d'art industriel, les bijoux, les articles de Paris, les modes, le vêtement, les étoffes de soie et de Lyon, la dentelle (1), le meuble, la porcelaine. Pour tous ces articles et pour beaucoup d'autres encore, le relèvement de l'instruction professionnelle est une condition du succès dans les échanges ; il est aussi l'une des conditions du progrès social. « L'ouvrier qui sait son métier, l'ouvrier fait, jouit de

(1) Une très intéressante campagne en faveur du relèvement de la fabrication de la dentelle à la main, industrie jadis florissante en Normandie, en Auvergne, dans les Vosges, a précisément été entreprise depuis plusieurs années par M. Engerand, ancien secrétaire du *Musée Social*, aujourd'hui député du Calvados. M. Engerand estime que l'une des principales causes de la décadence de cette industrie consiste dans la disparition de l'enseignement professionnel autrefois organisé dans nos campagnes. Il propose en conséquence d'ouvrir à l'exemple de l'Italie (province de Venise), de la Belgique, de la Grande-Bretagne (Irlande) des écoles dentellières et des ateliers de perfectionnement où se formeraient d'habiles ouvrières. (Voir l'article de M. Engerand, *Musée Social*, nº de mai 1901, enfin sa proposition adoptée par la Chambre des députés le 16 juin 1903 tendant à l'ouverture d'un crédit destiné à la réorganisation de l'enseignement de la dentelle.)

» plus de bien-être, obtient des salaires plus rémunérateurs » et goûte des satisfactions interdites au demi-ouvrier ».

Faute d'un enseignement professionnel permanent et régulièrement organisé, les enfants qui travaillaient au demi-temps de 1874 à 1892 n'ont pu être utilement occupés pendant leurs heures de loisir. En Angleterre et en Allemagne, on n'a pas su non plus établir une concordance entre le système du demi-temps et l'enseignement technique qui doit lui servir de support.

Dans ces divers pays, le travailleur au demi-temps a été ballotté entre l'usine qui ne devait le recevoir qu'une moitié de la journée et l'école primaire où il n'avait plus grand chose à apprendre et où il se sentait embarrassant et embarrassé parce qu'au vrai sa place n'était pas là. L'école où il eût pu être admis avec avantage, et où il eût reçu une instruction en rapport avec son âge et avec ses destinées futures n'a pas été créée.

Cet enseignement professionnel qui remplirait les heures laissées libres par l'usine et par l'éducation physique (gymnastique, natation, exercices militaires) qu'il serait nécessaire de lui associer selon le vœu des hygiénistes, est-il encore possible de l'organiser ? La réforme dont nous venons seulement de tracer une vague esquisse est-elle vraiment réalisable ? Nous nous garderions bien de l'affirmer *a priori*.

Il nous paraît toutefois, puisqu'aussi bien la nécessité d'une réforme de notre législation sur le travail des enfants dans l'industrie s'impose comme un devoir social, que l'heure est venue d'ouvrir sur ces graves problèmes de la protection de l'enfance et de la réorganisation de notre enseignement professionnel une vaste enquête et un débat public. Il ne s'agit pas dans notre pensée d'une simple enquête administrative plus ou moins sommaire et incomplète, d'une enquête consistant uniquement dans l'envoi d'un questionnaire adressé à une multitude de personnes qui répondent, s'il nous est permis de nous exprimer ainsi, au petit bonheur, souvent sans avoir bien compris les questions, sans connaître dans la plupart des cas les arguments que l'on peut faire valoir en faveur de telle ou telle solution.

Nous concevons quant à nous une enquête conduite selon une méthode très différente. Une commission serait nommée, dont les membres seraient choisis parmi les inspecteurs du travail, les industriels, les délégués des syndicats ouvriers, les médecins et les hygiénistes, les jurisconsultes et les économistes. Cette commission, après avoir établi le programme de ses travaux, entendrait des représentants de tous les intérêts en cause, tous les témoins qualifiés pour émettre un avis compétent; elle se transporterait successivement dans chacun des grands centres industriels; elle ouvrirait enfin une discussion générale où tous les arguments pour ou contre le travail de demi-temps seraient tour à tour exposés et discutés, où les orateurs s'efforceraient de mettre en lumière toutes les conséquences probables de la réforme soumise à leurs délibérations.

Alors de deux choses l'une :

Ou l'introduction dans notre législation du travail de demi-temps serait reconnue possible. Il ne resterait plus en ce cas qu'à organiser ce travail selon les procédés qui auraient été recommandés comme les plus pratiques et les meilleurs.

Ou, au contraire, il serait démontré que le travail de demi-temps est pratiquement irréalisable. En ce cas nous nous retrouverions en présence de cette seconde alternative :

Ou bien maintenir le régime légal actuellement en vigueur et nous serons, je crois, tous d'accord pour écarter cette solution.

Ou élever l'âge d'admission des enfants dans les fabriques, ateliers et manufactures. A quel âge précis, 14, 15, ou 16 ans, devrait être reportée la limite d'admission ? les données fournies par l'enquête seraient ici encore très précieuses surtout si, comme les hygiénistes le demandent presque unanimement, l'âge d'admission devait varier selon la nature de l'établissement industriel où l'enfant serait reçu et du travail auquel il serait astreint.

Telles sont les conclusions que nous avons l'honneur de soumettre à l'approbation de l'Association. Nous les résumerons dans le vœu suivant :

« L'Association française pour la protection légale » des travailleurs,

» Considérant qu'aux termes de la loi du 30 mars » 1900, les enfants âgés de plus de 13 ans, ainsi que les » enfants âgés de plus de douze ans, pourvus des certi- » ficats d'études primaires et d'aptitude physique peu- » vent être employés à un travail industriel dont la » durée maxima est actuellement de 10 h. 1/2 par jour » et sera fixée à 10 heures à partir du 31 mars 1904 ;

» Considérant qu'un travail quotidien de dix heures » par jour excédant manifestement les forces d'un enfant » de 12 à 13 ans risque, par sa continuité, de mettre » obstacle au développement physique et de nuire à la » santé de l'enfant,

« Emet le vœu :

« Qu'une enquête soit ouverte par les pouvoirs » publics à l'effet d'étudier les moyens propres à assurer » une protection plus efficace au travail des enfants » employés dans l'industrie.

« L'Association estime que cette enquête devrait » avoir plus spécialement pour but de rechercher s'il » est possible d'organiser en France le travail de demi- » temps pour les enfants et les adolescents, et, dans le » cas contraire, de déterminer à partir de quel âge » devrait être autorisé le travail industriel des enfants. »

(1) Le dernier rapport sur l'application de la loi du 2 novembre 1892 émanant de la Commission supérieure du travail (in-8, Paris, Imprimerie Nationale, 1902, p. XXIII) fait ressortir dans les 124.016 établissements industriels visités en 1901 par les inspecteurs du travail la présence de 317.981 enfants et adolescents âgés de moins de 18 ans dont 315.985 âgés de 13 à 18 ans et seulement 1.996 enfants de 12 à 13 ans.

Une courte discussion a suivi la lecture de ce rapport.

M. Arthur Fontaine, *directeur du Travail au Ministère du Commerce et de l'Industrie*, se déclare partisan, en principe, du travail de demi-temps qui lui paraît être la combinaison la plus propre à améliorer la condition des enfants employés dans l'industrie.

Si le travail au demi-temps n'est pas possible, il faudra reculer à 15 ans, l'âge d'admission des enfants dans les fabriques et ateliers.

M. Fontaine se demande toutefois si l'enquête proposée, par le rapporteur, sera susceptible de donner des résultats bien concluants. Le travail de demi-temps n'a fonctionné en France que de 1874 à 1892 et dans des conditions très imparfaites. L'enquête ne saurait donc porter utilement sur le passé. Quel serait donc son but exact ?

M. Martin-Saint-Léon répond que l'enquête aurait pour but de préciser les conditions dans lesquelles pourrait être créé et organisé dans l'avenir le travail de demi-temps. Ce serait une grande consultation dans laquelle tous les arguments favorables ou contraires au demi-temps seraient discutés. Les dépositions des hommes compétents et les débats de la Commission prépareraient et faciliteraient la solution de la question si délicate et aujourd'hui encore si complexe de l'âge d'admission des enfants et de la durée de leur travail quotidien dans les établissements industriels.

M. Cauwès, *professeur à la Faculté de Droit de Paris, président de l'Association*, fait observer que l'enquête pourrait également porter sur l'application du travail de demi-temps en Angleterre où, pendant de longues années, le nombre des petits ouvriers travaillant à la demi-journée a été considérable.

M. Fontaine. L'Angleterre n'a cependant jamais tenté de combiner le demi-temps et l'instruction professionnelle qui en est le complément nécessaire.

Il est à craindre, si une enquête trop générale est entreprise immédiatement, qu'elle aboutisse à la condamnation du travail de demi-temps considéré avec défaveur par les chefs d'industrie et mal connu des ouvriers. Mais il serait possible de poursuivre utilement dès à présent une enquête circonscrite aux quelques établissements industriels où le demi-temps a été introduit avec succès, dans les ateliers des Compagnies de Chemins de fer, par exemple. — On mettrait ensuite les autres industriels en présence des résultats ainsi constatés et la discusion sur le fond pourrait s'engager.

M. Keufer, *Secrétaire général de la Fédération des travailleurs du Livre, membre du Conseil supérieur du Travail.* Il est avéré que l'on admet dans l'industrie des enfants trop jeunes. L'âge minimum devrait être fixé à 14 ans.

Si le système du demi-temps est adopté il faudra occuper l'enfant pendant ses heures de liberté et à cet effet organiser l'enseignement professionnel. Or, actuellement ni le monde patronal, ni le monde ouvrier ne sont préparés à donner cet enseignement. Il convient donc avant tout d'agir sur l'opinion et de l'amener progressivement à accepter la réforme projetée.

Cette propagande n'exclut pas l'idée d'une enquête sur le demi-temps qui devrait être combinée avec l'enquête du Conseil supérieur du Travail sur l'apprentissage.

M. Mallemont estime que l'introduction du travail de demi-temps est possible dans la grande industrie qui dispose de moyens d'actions lui permettant de créer des écoles. Il en est différemment dans la petite industrie où l'organisation de l'enseignement professionnel rencontrerait de grandes difficultés.

M. Briat, *Secrétaire général du Syndicat des ouvriers en instruments de précision, membre du Conseil supérieur du Travail,* se rallie à l'idée d'une enquête, mais, il propose de demander également au Gouvernement de faire procéder dans un établissement public à une expérience du travail de demi-temps.

M. Martin-Saint-Léon déclare accepter cette adjonction aux conclusions de son rapport.

Ces conclusions (avec addition du vœu de **M. Briat**) sont mises aux voix et adoptées à l'unanimité des votants.

L'Assemblée générale se réunit, sur la convocation du Comité directeur, à l'époque fixée par ce Comité et au moins une fois par an.

ART. 8

Le Comité directeur est composé de vingt-quatre membres.

La représentation proportionnelle est appliquée à l'élection des membres de ce Comité, si 50 membres de l'Assemblée générale en font la demande.

Les membres du Comité directeur sont élus pour trois ans.

Par mesure transitoire, le Comité directeur nommé par la première assemblée générale ne sera composé que de douze membres; une nouvelle assemblée générale, réunie au plus tard en janvier 1902, sera appelée à compléter le Comité par la nomination de douze nouveaux membres. Pour cette élection complémentaire et pour les élections ultérieures, le vote par correspondance sera admis.

ART. 9

Le Comité directeur est renouvelé par tiers tous les ans.

Les membres sortants sont désignés par le sort et sont rééligibles.

Le premier renouvellement par tiers aura lieu en janvier 1903.

ART. 10

Le Comité directeur nomme son bureau et en détermine la composition et les attributions.

Le Comité directeur se réunit sur la convocation du président et du secrétaire. Il devra être réuni lorsque dix membres en feront la demande.

ART. 11

L'Assemblée générale élit, sur la proposition du Comité directeur, les représentants de l'Association au sein du Comité de l'*Association internationale*.

La représentation proportionnelle peut, sur la demande de 50 membres, être appliquée à cette élection comme à celle du Comité directeur.

ART. 12

Le Comité directeur gère les fonds de l'Association. Il doit rendre compte une fois par an, à l'Assemblée générale, de son administration.

ART. 13

Le Comité directeur tranche les questions non prévues par le présent règlement, sous réserve du droit de contrôle de l'Assemblée générale.

ART. 14

Les présents statuts ne peuvent être révisés en tout ou partie par l'Assemblée générale qu'à une majorité représentant les deux tiers des votants et quand la proposition de révision aura été insérée dans la convocation.

Envoyer toutes les adhésions à **M. Léon de Seilhac**, *trésorier de l'Association*, **5, rue Las Cases, à Paris** (VIIe).

LISTE DES MEMBRES DU COMITÉ DIRECTEUR DE L'ASSOCIATION

Paul CAUWÈS, professeur à la Faculté de Droit de l'Université de Paris **président**.

Ed. BRIAT, secrétaire général du Syndicat des ouvriers en instruments de précision, membre du Conseil supérieur du travail et de la Commission supérieure du travail dans l'industrie, **vice-président**.

A. LIÉBAUT, ingénieur, membre du Comité consultatif des arts et manufactures et de la Commission supérieure du travail dans l'industrie, **vice-président**.

Raoul JAY, professeur à la Faculté de Droit de l'Université de Paris, membre du Conseil supérieur du travail, **secrétaire général**.

Léon de SEILHAC, publiciste, délégué permanent du service industriel et ouvrier du *Musée social*, **trésorier**.

Louis BARTHOU, député.

Adéodat BOISSARD, professeur à la Faculté libre de Droit de Lille.

Arthur FONTAINE, directeur du Travail au Ministère du Commerce et de l'Industrie.

Arthur GROUSSIER, ancien député.

Auguste KEUFER, délégué permanent de la Fédération française du Livre.

Hubert LAGARDELLE, directeur du *Mouvement socialiste*.

Henry LÉAUTÉ, membre de l'Institut, directeur de la Société des téléphones.

Abbé LEMIRE, député.

André LICHTENBERGER, directeur-adjoint du *Musée social*.

Henri LORIN, ancien élève de l'École Polytechnique, membre du Comité de perfectionnement du Collège libre des Sciences sociales.

Étienne MARTIN-SAINT-LÉON, bibliothécaire du *Musée social*.

Comte A. de MUN, député.

C. PERREAU, ancien député, professeur à la Faculté de Droit de Paris.

Eug. PETIT, docteur en Droit, ancien chef du cabinet du Ministre du Commerce.

Paul PIC, professeur à la Faculté de Droit de l'Université de Lyon.

Édouard VAILLANT, député.

Richard WADDINGTON, sénateur.

PUBLICATIONS DE L'ASSOCIATION NATIONALE FRANÇAISE

pour la protection légale des Travailleurs

I. **La protection légale des femmes avant et après l'accouchement.** — Rapport de M. le Dr Fauquet.

II. **La réglementation hebdomadaire de la durée du travail. — Le repos du samedi.** — Rapports de M. Ivan Strohl, industriel, et de M. Fa[illegible]ot, de l'Office du travail.

III. **L'âge d'admission des enfants au travail industriel. — Le travail de demi-temps.** — Rapport de M. Et. Martin-Saint-Léon.

Composé par des Ouvriers syndiqués IMPRIMERIE LE BIGOT FRÈRES.

www.ingramcontent.com/pod-product-compliance
Ingram Content Group UK Ltd.
Pitfield, Milton Keynes, MK11 3LW, UK
UKHW020451230726
13925UKWH00005B/1864

9 782014 026221